LA NOUVELLE
ASTROLOGIE CHINOISE

LE DRAGON

CRÉALIVRES
3/5, RUE DE NESLES - 75006 PARIS

Texte de Shao Hin et de Laurène Petit.
Iconographie : Bibliothèque Nationale, Paris.

Imprimé en Italie

N° d'éditeur : C176
N° ISBN pour la collection : 2-86721-066-3
N° ISBN pour le présent volume : 2-86721-058-8

Dépôt légal : Paris, 2e trimestre 1989

Diffusion exclusive en France:
Comptoir du Livre à Paris.

Diffusion exclusive en Belgique pour la langue française:
Daphné Diffusion à Gent.

前言

Avant de faire la connaissance de Shao Hin, je ne connaissais l'astrologie chinoise qu'au travers de sinologues éminents, certes, mais Français ! En sa compagnie, j'ai découvert la beauté des arts divinatoires de son pays à travers son langage imagé et ses gestes empreints d'une grâce toute occidentale.

Lorsqu'elle m'a proposé d'allier nos connaissances, j'ai éprouvé un vif plaisir, tout en ayant la crainte de la trahir par ma plume somme toute occidentale.

Mais une sorte d'osmose s'est créée entre nous, pont fragile entre l'Orient et l'Occident. J'ai essayé de m'effacer suffisamment pour que les lecteurs goûtent à cette poésie chinoise si subtile, tout en la rendant assez compréhensible à notre mentalité. Shao Hin parle couramment le Français, mais ne se sentait pas apte à l'écriture occidentalisée.

Nous espérons avoir réussi à vous offrir ce petit voyage en Chine. Et puis, si le panthéon des Dieux change, les hommes sont faits d'une même chair et attendent une vision universelle de leur destinée.

Laurène Petit

生值牛骨為人性寬廣身傳覧第〻暁得但不得鄉情宜典外都人相倭有大力直捷之相

生值兎骨為人作事有頭無尾遇李少成二十年栄華隊本主富貴離家不返古上下和睦相

生值蛇骨為人愛自在安静心性急言語傷人一生少疾軒快心有狠毒須施為相

生值虎骨一生居田地宜自立家為人近貴有酒肉分営謀逆有威猛權柄之相

生值龍骨為人近貴有大威勢居官因公発才春夏吉秋冬不利只清貴有声名自在之相

生值馬骨一生近貴衣食足為人不停是州徃府白居屋宅有才根無疾病快楽動静之相

生值羊骨一生清閑與上下和人不和睦性急離祖自手置田生向老来富貴近貴之相

生值雞骨一生近貴好作九流為事有牙爪高名顯達不吃無功之祿早起夜眠名利歡喜之相

生值豬骨一生在直近貴人敬重不愛祖宅生住才飲食不問粗細病患多自在尊重之相

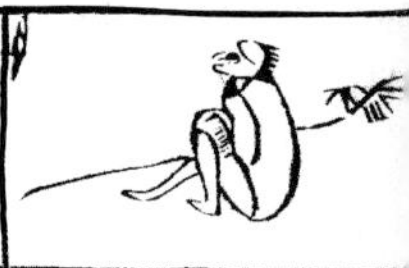

生值猴骨一生有才徳被人脱騙為人輕快聡明性急好吃菓子輕薄枷鎖直捷之相

生值犬骨一生近貴有福禄為人㩁既不吃無功之祿主成家不受驚無疾患輕快之相

生值鼠骨為人煩惱啾唧或卄快活物件衣服常與外覩人相爭一生病患啾唧之相

LES CLEFS DE L'ASTROLOGIE CHINOISE

中國星相學的要諦

Pour approcher le fonctionnement des arts divinatoires en Chine, il faut bien comprendre que pour les Orientaux, il n'existe pas de bien ou de mal. Simplement un désordre, que l'homme sème sur terre par ignorance, dans la vaste harmonie de la nature. L'astrologie, ici, permet de comprendre ses contradictions internes et d'y remédier. Car, comme l'a écrit Confucius : « Celui qui ne connaît pas son destin ne sera jamais vraiment un homme. » Les prédictions n'ont pas un caractère de déterminisme, mais offrent une toile de fond sur lequel l'homme tente de s'harmoniser. Un Chinois ne se dira jamais : « Je suis un Singe donc j'ai tels défauts, telles qualités », mais plutôt « De quelles façons puis-je être Singe dans les différentes circonstances de la vie ? ». Cette nuance,

中國星相學的要諦

très importante, devrait être la clé vous permettant de vous servir de cet ouvrage pour le mieux dans l'esprit chinois.

Les 12 animaux : Un thème chinois est aussi complexe, si ce n'est plus, qu'un thème occidental. Ce livre ne suffirait pas à l'expliquer dans le détail. Mais il vous permettra de faire un portrait très proche de la réalité.

十二生肖

En Occident, il existe 12 signes, liés à chaque mois de l'année.
En chine, il existe 12 signes liés à chaque année d'un cycle de 12 ans : le Rat, le Buffle, le Tigre, le Lièvre, le Dragon, le Serpent, le Cheval, la Chèvre, le Singe, le Coq, le Chien et le Sanglier.
Mais attention, l'année chinoise commence le 4 ou 5 février, c'est-à-dire 45 jours avant l'équinoxe du printemps.
Vous trouverez en 4e de couverture les dates exactes concernant votre animal de naissance.
Ces annimaux représentent votre moi social, la façon dont vous vous laissez percevoir par les autres.

Le compagnon de voyage : Shao Hin avait été très choquée de s'apercevoir qu'en France, les gens n'hésitaient pas à donner leur heure de naissance ou leur ascendant.

旅伴們

En Chine, s'il est poli de se présenter par son animal annuel — car les autres sauront comment mieux vous aborder

旅伴們

— il est incorrect et dommageable de dévoiler sa date précise de naissance. En effet, celle-ci renferme toutes des données de votre personnalité profonde, et le montrer équivaut à perdre la face. Autrefois, dévoiler la date de naissance d'un Empereur était puni de la peine de mort, car c'était porter atteinte à sa toute puissance !

Le compagnon de voyage, comme son nom l'indique, représente la voix que tout un chacun entend au plus profond de lui et qui le trouble, l'aide, le pousse à agir, et avec lequel le dialogue n'est jamais interrompu. Le signe annuel représentant l'extérieur de l'être et le compagnon de voyage ses pulsions profondes, ils devront chercher entre eux deux l'harmonie parfaite pour faire un individu accompli.

Comme l'ascendant dans l'astrologie occidentale, il se calcule à partir de l'heure de naissance. Et c'est là qu'il faut un peu d'attention.

En effet, il existe une différence entre l'heure solaire et l'heure légale. Alors pour remettre vos pendules à l'heure, reportez-vous au tableau des heures d'été en fin de volume. Vous aurez ainsi votre heure solaire de naissance. A ce résultat, il vous faut ajouter 8 heures pour avoir l'heure de Pékin. Une fois ce calcul fait, reportez-vous au tableau pour connaître votre compagnon de voyage.

Compagnon de voyage	Heure de naissance
Rat	de 23 à 1 h
Buffle	de 1 à 3 h
Tigre	de 3 à 5 h
Lièvre	de 5 à 7 h
Dragon	de 7 à 9 h
Serpent	de 9 à 11 h
Cheval	de 11 à 13 h
Chèvre	de 13 à 15 h
Singe	de 15 à 17 h
Coq	de 17 à 19 h
Chien	de 19 à 21 h
Sanglier	de 21 à 23 h

Les éléments : Pour affiner encore plus ce portrait, il est primordial de savoir qu'en Chine, chaque animal possède ce que l'on appelle un élément stable.

成分

En Occident, il existe 4 éléments : la terre, l'eau, l'air, le feu.

En Chine, il existe 5 éléments : le bois, le métal, la terre, l'eau, le feu.

Comme le Taureau sera élément terre, le Gémeaux élément air, le Singe sera élément stable métal, le Rat élément stable eau.

Ainsi, le Rat, le Buffle et le Sanglier auront l'eau pour élément stable.

Le Tigre, le Lièvre, le Dragon auront le bois pour élément stable.

Le Serpent, le Cheval, la Chèvre auront pour élément stable le feu.

Le Singe, le Coq et le Chien auront

pour élément stable le métal.
La terre n'est l'élément stable d'aucun signe, car elle contient tous les éléments en elle.

但為何穩定

Mais pourquoi stable ? : Si en Occident, le Taureau sera toujours un signe de Terre, en Chine, les relations entre les signes et les éléments sont plus complexes et plus personnalisées.
Pour bien comprendre, il nous faut revenir au cycle des planètes, sur deux d'entre elles exactement : Saturne et Jupiter. Saturne met 60 ans pour faire sa double révolution autour du soleil. Tous les 60 ans donc, la grande fête du nouveau cycle commence. Février 1924 était un début de cycle, février 1984 un autre.
Mais Jupiter, de son côté, met 12 ans, un an par signe, pour faire sa révolution solaire, et tous les 12 ans, il donnera en repassant sur le même signe un nouvel élément. Comme il y en a 5, il faut bien 60 ans pour qu'un cycle recommence. Ainsi le Singe sera eau en 1932, bois en 1944, feu en 1956, terre en 1968, et métal en 1980. Puis, tout recommence.
Ainsi donc, une personne née en 1956 sera Singe, élément stable métal mais élément associé feu. Cette personne devra compter avec les apports du métal, du feu et de l'élément stable de son compagnon de voyage.

Qu'apportent les éléments ? : Les éléments, ou Hsing en Chinois, sont des apports essentiellement dynamiques. Ils ont le pouvoir d'adoucir ou de renforcer certains traits de votre caractère. Un Sanglier feu sera plus sensuel et intrépide qu'un Sanglier eau plus intuitif. Ces éléments caractéristiques sont détaillés dans la partie dictionnaire de ce volume à l'entrée Eléments.

成分帶來什麼

Et comme en Chine, tout participe du Tout, ces éléments sont étroitement liés et forment entre eux des accords ou des désaccords qui forgent la nature profonde d'un être.

« La terre engendre le métal qui engendre l'eau qui engendre le bois qui engendre le feu qui engendre la terre. » Le cercle parfait. Mais… « Le métal (la hache) nuit au bois, l'eau éteint le feu qui brûle le bois qui retourne à la terre qui contient en elle tous les autres éléments. »

En étudiant votre thème, n'ayez pas peur des contradictions qui apparaîtront. Elles sont là pour compenser l'être dans l'harmonie, et l'excès d'un élément pourrait être plus néfaste, le mieux étant l'ennemi du bien !

Dans la partie dictionnaire, ne manquez surtout pas l'entrée Yin Yang, essentielle pour mieux englober votre personnalité. Et enfin, le dernier chapitre vous dévoilera combien nos deux astrologies se complètent, et cela avec des sources de recherche bien différentes.

成分帶來什麼

En effet, si l'astrologie occidentale se fonde sur le mouvement des planètes, l'astrologie chinoise se base sur le calendrier. C'est pourquoi on la nomme souvent « chronomancie ».

Pour bien pénétrer l'esprit divinatoire oriental, il faut avoir en mémoire que le Chinois sait avoir toujours la possibilité d'être maître de son destin ; ce conte populaire tiré du Liaozhai l'illustre parfaitement :
« Un jeune junzi (jeune noble lettré), au cours d'un rêve, vit les deux sages qui compulsaient le livre des Morts. La chaleur devenant étouffante, les deux acolytes du « juge infernal » allèrent se désaltérer et le jeune lettré, piqué par la curiosité se mit à lire la page des prochains appelés. Y trouvant son nom, il prit un pinceau et modifia les caractères pour s'attribuer cent années de vie supplémentaires et repartit. Les sages de retour s'aperçurent du changement. Que pouvaient-ils faire ? Rayer les caractères eût démontré leur négligence. Mais ils pouvaient aussi transiger en altérant d'autres caractères.
C'est ainsi que le jeune homme se trouva doté de cinquante années de vie supplémentaires. »

Que ce livre puisse combler plus que votre curiosité, mais vous ouvrir une brèche dans la Voie.

LES CLEFS DE VOTRE

PERSONNALITE

你的性格之重點

Affaires : Il est d'usage en Chine de se présenter par son animal emblématique. Ceux qui traitent avec un Dragon savent que la partie sera difficile. Non à cause de faux-fuyants ou de roublardise, mais parce que le Dragon mène sa vie professionnelle à grand train, et que toutes les audaces lui sont permises. N'acceptant pas l'échec, il place pourtant très haut la barre de la réussite, persuadé d'avoir les Dieux pour lui et le vent du destin dans son sens. En affaires, il sera intraitable et n'acceptera aucune compromission. Son intelligence, sa persévérance lui donnent l'âme d'un chef.

事業

Mais s'il voit très grand, il peut être d'un entêtement catastrophique. Il est capable de rater une affaire pour une simple question de prestige. Il réussit toujours mieux seul qu'en association, et l'on pourra toujours se fier à sa loyauté.

Ambition : Le vocable semble encore trop restreint pour ce natif ! Pour certains, l'ambition est une montagne qui se gravit pierre après pierre. Le Dragon pense qu'il est né au sommet de l'Himalaya, et qu'il doit de là, se construire un édifice dont l'ombre portée couvrirait le monde. Il se veut infaillible, à l'image des Dieux ; sa chance réelle lui donne les moyens d'être à la hauteur de ses ambitions, et, comme il ne craint pas le vertige des hauteurs, on se demande parfois en l'entendant rêver tout haut, s'il saurait se contenter de dominer l'harmonie du ciel et de la terre... Guerrier des causes perdues, il sera stimulé par les obstacles et les difficultés.

友情

Si sa vie lui paraissait égale comme une plaine, il dépérirait d'ennui, et se réfugierait dans le rêve et l'absorption de l'opium.

Amitié : Fascinant, écouté, adulé, le Dragon vit avec une cour permanente de sujets buvant ses paroles comme de l'alcool de riz. Car il a le don des relations sociales. Il peut parler de tous les sujets, son esprit critique et analytique comprenant dans la seconde le mécanisme mis en jeu. Nul ne s'ennuie avec lui et ses amis lui sont d'une fidélité approchant l'abnégation. Mais s'il aime à rendre service, il faut que ce soit pour défendre un intérêt mettant ses capacités en valeur. Le déranger dans ses hauteurs pour une

野心

question banale toucherait sa susceptibilité. Lorsqu'il donne un conseil, il entend que ses amis le suivent, sinon, il les raye de sa mémoire, estimant qu'il n'a pas de temps à perdre. Ses amitiés sont très fluctuantes, son groupe se renouvelle sans cesse. Chacun rêve d'être son ami, mais, comme il sait avoir le choix, peu se trouvent élus pour de nombreuses lunes. Seuls le Singe et le Rat peuvent prétendre rester longtemps à ses côtés.

Amour : « Lorsque tu trouveras un être qui pourra se tenir
« Debout, face à toi, sous le soleil de midi,
« Et que sur lui tu verras malgré tout des points d'ombre
« Où seule la lumière de ton âme pourra pénétrer,
« Ce jour-là, tu seras face à l'amour idéal
« Que les saisons n'altèrent pas... »

愛情

Ces vers, tirés d'une chanson populaire, portraitisent le Dragon face à l'amour. Idéaliste, il veut trouver la perfection. Mais son sens de l'analyse lui montre vite les vides de l'illusion. Il ira ainsi longtemps, de quête en conquête, toujours aimé, toujours désireux d'aimer, et désolé de ne pouvoir rester là où il a perçu les failles de l'être cher qui se déconsidère instantanément à ses yeux. Il est trop sincère pour jouer avec les cœurs, mais cette sincérité l'empêche de rester là où son regard s'ennuie au lieu

de s'émerveiller. Car il demande le renouveau chaque jour, et un jardin d'amour aux fleurs sans cesse renouvelées.
Une fois la perle rare trouvée, encore faudra-t-il qu'elle le flatte, applaudisse ses prouesses et le laisse libre comme le vent. Et si la porte est ouverte, il oubliera de partir...

Argent : Avec sa chance et ses talents, le Dragon ne cherchera jamais de yuangs pour acheter un poisson. En Chine, le Dragon est considéré comme un animal toujours faste. Il dépense sans compter, offre de somptueux présents sans que son avoir semble amoindri. Car il sait si bien s'adapter au monde qu'il gagne de l'argent sans même s'en apercevoir, comme un dû naturel.

金錢

Probe, il ne se laissera jamais acheter. Mais dans une affaire, il peut se montrer intraitable pour de petites sommes, si elles lui semblent un obstacle à franchir, un moyen d'affirmer son pouvoir, ou l'objet d'une lutte intéressante. Mais l'enjeu aurait aussi bien pu être une poignée de sable...

Aventure : Si ce vocable n'existait pas, le Dragon n'aurait pas existé non plus tant ce natif vit par ce mot.

奇遇

Il n'aime que les défis qu'il lance à tout vent, le risque, les grandes batailles où son âme de chef peut s'exciter, donnant

ordres et contre-ordres à une armée docile et obéissante.
Plus le parcours semble impossible, plus le Dragon fait trembler ses écailles de joie !
Que nul ne s'aventure à lui barrer le chemin de la gloire, il dévasterait de sa foudre tout le territoire sans que plus jamais le jasmin ne puisse embaumer l'air qu'il aura brûlé.

Bonheur : Son optimisme contagieux en fait un être doué pour le bonheur ; car il sait le tailler dans l'étoffe de sa démesure impériale.

快樂

Si une ombre vient à le ternir, il la combattra, tirant joie et émotion de cette lutte.
Le bonheur n'a pas le même sens pour chacun, et il faudra autant de vocables que d'espèces de fleurs pour nommer celui qui convient à chacun.
Le bonheur du Dragon n'est pas tranquille, tissé dans une maille de quotidien et de confort.
Il ne cherche pas à imiter celui régnant dans la demeure des autres. Il se sent exceptionnel et ne peut donc avoir qu'une conception exceptionnelle de son bonheur, au-delà des basses contingences des faibles.
Que nul ne le juge, les paroles des autres ne l'atteignent pas. Son bonheur, c'est sa réalisation grandiose de l'instant présent étiré à l'éternité.

Charme : Plus que du charme, le Dragon possède un puissant magnétisme. Il en est conscient, et s'en sert pour parvenir à ses fins. Celui ou celle qui succombe au charme d'un Dragon qui le délaisse, ne trouvera aucun philtre d'amour pour le faire revenir, ni aucune antidote pour guérir son cœur mordu à vif. Car son charme tient peut-être aussi au fait que, comme certains oiseaux, il ne s'épanouit qu'en totale liberté, sans idée du bien ou du mal, ne suivant que son désir. Et certains aimeraient tant être ce désir là...

魅力

Compagnon de voyage : Puisque vous êtes Dragon en apparence, découvrez dans ces lignes cet autre vous-même avec lequel vous avez à faire le long chemin de la vie, et que vous gardez secrètement enfoui au regard des autres.

旅伴

鼠

Dragon / Rat : Le Rat apporte sa prudence et sa gaîté au Dragon. Ce natif sera très autoritaire en apparence, mais plus pondéré et réfléchi au fond de lui-même. Il gagne en souplesse et en stratégie ce qu'il perd en autoritarisme et en impulsivité. Par ailleurs, le Rat aidera le Dragon à jouir des plaisirs de l'affection simple et partagée, sans qu'il perde son idéal amoureux.

牛

Dragon / Buffle : Le Buffle économe et persévérant va freiner le Dragon dans ses élans : mais pour lui donner des conseils si judicieux que pour une fois, le Dragon devra se ranger à sa raison. Homme ou femme d'affaires redoutable et respecté(e), ce natif a la justice absolue. Nul ne peut le contrer car il possède la vertu du courage alliée à celle de la patience.

虎 **Dragon/Tigre :** Un tel alliage lance des flammes. C'est de l'énergie pure, prête à exploser au moindre sursaut. Bourreau de travail, impulsif et vengeur, ce Dragon effraie son entourage. Mais quel beau spectacle de voir à quel point un individu peut sans cesse rivaliser avec lui-même jusqu'à atteindre des hauteurs... insoupçonnées. Ce Dragon sera très émotif, on pourrait l'oublier.

兔 **Dragon/Lièvre :** Le Lièvre apprend les armes de la séduction et de la diplomatie au Dragon. Ce natif là sera très brillant, sociable, enjoué, mais réfléchira beaucoup et bien. Là encore, son impulsivité se freine, mais pour mieux comprendre les mécanismes subtils des êtres et savoir s'en servir pour les faire travailler. Mais ce Dragon reste très énergique, et deux fois plus chanceux...

龍 **Dragon/Dragon :** Ce Dragon impérial est presque inhumain à force d'être trop exigeant ; il ne peut vivre qu'en maître absolu, oublieux du restant du monde. Il sera de toutes les conquêtes, ramenant la tête de ses victimes à une foule qu'il veut obéissante, reconnaissante et qu'il acclame. Nul ne lui résiste. Il est marqué du sceau impérial. Mais parfois, il finit par se détruire lui-même...

蛇 **Dragon/Serpent :** Un Dragon inquiétant ! Le Serpent apporte en profondeur un recul froid et calculateur. Ce Dragon saura user de patience et d'artifices rusés pour arriver au sommet de la gloire qu'il convoite. Moins chevaleresque que les autres natifs, il sait ce qu'il piétine, et ne regrette jamais rien. C'est un adversaire très redouté, qu'aucun sentimentalisme ne peut freiner.

馬 **Dragon/Cheval :** Le Cheval ne freinera pas le Dragon ; bien au contraire. Ce natif verra son goût du risque se décupler, et se laissera facilement griser par la course au succès. Opportuniste, il foulera de ses sabots les terres interdites. Il peut avoir du mal à bien calculer son énergie et aura une multitude de projets qu'il mettra en route à la fois... sans les aboutir tous !

羊 **Dragon/Chèvre :** Ce Dragon ci lance des fleurs, pas des flammes. La Chèvre lui apporte le goût de la fantaisie et de la rêverie, et son imaginaire baroque. Le Dragon aura les ressources nécessaires apparentes pour mettre en valeur ce qu'il concocte dans le silence de son art. Puissamment protégé, il sera un grand créateur, parfois naïf, et pour une fois, débordant d'affection.

猴 **Dragon/Singe :** Si seulement ce Dragon n'avait pas ce goût prétentieux du paraître, il serait un génie aimé et drôle. Il aime tirer les ficelles d'une humanité qu'il connaît par cœur et devient l'Empereur des marionnettes. La ruse et la lucidité du Singe lui font parfois mal à l'âme, car sous ses pitreries spirituelles, il cache une grande tristesse de ne pouvoir être plus superficiel pour aimer en paix.

雞 **Dragon/Coq :** Ce n'est pas le Coq un peu vantard qui calmera l'orgueil du Dragon ! Mais il lui donne une originalité et une fantaisie de haut vol qui fait que ce compagnon de voyage devient en fait un vrai compère... Ce Dragon se pavanera, donnera autant de conseils qu'il possède d'écailles, charmera aussi bien les humains que les pierres, pour le plaisir.

狗 **Dragon/Chien :** Le Chien prudent, affectueux et loyal, tempère le Dragon et lui propose de méditer sur les profondeurs de ce monde avant de tenter de se hisser en bonne place. Mais le Dragon ne prendra pas le pessimisme du Chien, se servant de sa lucidité pour en faire un humour très apprécié. heureux de vivre, ce Dragon sera moins mégalomane, mais refusera de se faire marcher sur la queue sans aboyer...

猪 **Dragon/Sanglier :** Presque un anti-Dragon. Le Sanglier réussit à transformer le natif au point de le rendre humble, patient, et empli de bienveillance. Pour ce Dragon là, il n'est pas d'autre conquête que celle qui aide à apaiser les souffrances et à donner sa perle précieuse pour le bonheur de tous. Sa tendresse est déconcertante, tant il met sa force au service des moins nantis.

Conflit : Le Dragon les aime et les recherche pour prouver sa domination sur le monde. Puissant dans la symbolique chinoise (voir à entrée Conte), il possède des forces très contradictoires. Et les Chinois se méfient des extrêmes, sources de conflits. C'est par la résolution des contraires que s'obtient malgré tout l'équilibre cher à notre peuple. Ce signe faste cherchera donc les conflits, mais aura la capacité de faire régner l'ordre suprême des Empereurs.

纠纷

Conseil : « Celui qui prodigue des conseils
« Doit savoir qu'ils passeraient dans la Voie
« D'un autre être,
« Et que le même grain de blé
« Ne donne pas le même froment

劝告

« Selon la terre où il pousse
« Et l'homme qui le broie... »
Le Dragon aime à se sentir indispensable et prodigue des conseils très judicieux à tous. Et il entend qu'ils soient suivis, car il sait agir pour le bien de chacun. Mais il manque de diplomatie... Par contre, que nul ne s'avise de le conseiller, il n'en tiendrait aucun compte, et en viendrait même à montrer du courroux si l'on s'avisait à insister. S'il sait conseiller les autres, il s'estime capable de se conseiller lui-même... souvent à tort !

Conte : Le Dragon est l'emblême de la Chine Impériale car il possède le rôle dévolu au Fils du Ciel qui est de réguler les eaux, les montagnes, le ciel et la terre, sur lesquels il exerce une surveillance vigilante. Il est le maître du tonnerre et de la pluie, chevauchant les nuages, se transformant ou se rendant invisible à son gré. « Quand sévit la sécheresse, on fait une image du Dragon yin et il commence alors à pleuvoir. »

故事

Les Dragon volants sont signes d'immortalité. Houang-Ti chevaucha un Dragon pour vaincre les tendances maléfiques. Un Dragon envoyé du Ciel ouvrit la Voie à Yu le Grand pour qu'il puisse organiser le monde en drainant les eaux surabondantes.
Selon le conte des T'ang, il possède une perle dans la gorge, symbole de l'om-

niscience de la parole du Chef. « On ne discute pas la perle du Dragon » a déclaré Mao...

Le Dragon est ambivalent (voir entrée Yin/Yang). A la fois faste et destructeur, il contient les ombres que le héros dragonien doit vaincre pour s'accomplir dans la Voie. Mais laissons la parole à un merveilleux lettré européen qui a parfaitement saisi la poétique du Dragon : R.M. Rilke. « Tous les Dragon de notre vie sont peut-être des princesses qui attendent de nous voir beaux et courageux. Toutes les choses terrifiantes ne sont peut-être que des choses sans secours qui attendent que nous les secourions. »

Le Dragon est d'abord en nous, car tout est lié...

Courage : « Les héros ne connaissent pas le courage,

勇氣

« Car ils ont depuis longtemps oublié l'ombre dévastatrice de la Peur... »

Ainsi, on ne peut pas dire que le Dragon soit courageux, puisqu'il ne craint rien ni personne !

Cuisine : Tsao-Kiun, le seigneur du Foyer a son tabernacle dans les cuisines chinoises, veillant aux interdits et à la pureté du foyer de l'alimentation. Le Dragon ne lui sacrifie pas souvent... car il décide lui-même de ce qui est bon pour lui et ses enfants. Mais, en dehors d'excès

烹飪

dus à son tempérament, il aime la nourriture saine et simple dont sa nature sportive a besoin. Mais il oublie ces préceptes dès qu'il reçoit dans sa demeure...

缺點

Défauts : Que le Dragon lise ces lignes seul, car sa grande susceptibilité n'accepterait pas de partager ces lignes, car il est : intolérant, despotique, révolté, mégalomane, orgueilleux, susceptible, entêté, belliqueux, méprisant et impatient.

成分

Eléments-Hsing : Pour affiner votre portrait, il convient de compter avec l'agent stable de votre compagnon de voyage que vous trouverez dans l'introduction du présent volume.

木

Le bois : L'organe, en médecine chinoise, qui lui est associé est le foie, sa saison le printemps, son point cardinal l'est, sa planète Jupiter, son chiffre le 8, sa couleur le vert. C'est le règne de la force créatrice.

Dragon/bois (1904-1964-2024) : C'est un Dragon créatif. Il sera moins autoritaire que les autres, car, curieux de tout, il sait parfois se remettre en question. Il a une double tendance : d'une part, il rêve de création et ressentira le trouble du flou artistique, et d'autre part, son réalisme le pousse à exiger des résultats concrets. Perfectionniste à l'extrême, il peut faire des concessions.

火 **Le feu :** L'organe, en médecine chinoise, qui lui est associé est le cœur, sa saison l'été, son point cardinal le sud, sa planète Mars, son chiffre le 7, sa couleur le rouge. C'est le règne du succès et de la passion.

Dragon/feu (1916-1976-2036) : C'est un Dragon énergique et ambitieux. Il subjugue son entourage par sa vitalité et sa personnalité hors du commun. Il pourrait tout obtenir des hommes comme du ciel s'il parvenait à mettre un frein à ses utopies passionnelles et despotiques. Son agressivité lui vaut bien des ennuis, et il s'accorde peu le temps de réfléchir à ses actes. Il sera généreux mais incorruptible.

土 **La terre :** Les organes, en médecine chinoise, qui lui sont associés sont la rate et le pancréas, sa saison l'été au moment de la canicule, son point cardinal tous ou le centre, car la terre contient en elle tous les autres éléments, sa planète Saturne, son chiffre le 5, sa couleur le jaune. C'est le règne de l'équilibre et du mûrissement des idées.

Dragon/terre (1868-1928-1988) : C'est un Dragon réaliste. Il possède en lui le pouvoir d'accentuer ses qualités comme ses défauts. S'il le désire, il peut être de l'essence des grands sages, comme de celle des pires dictateurs ! Son réalisme lui permet de ne pas sombrer dans l'écueil des extrêmes, et il sera capable de calme et d'écoute lorsque cela s'avère nécessaire. Mais il sait asseoir son autorité avec dignité.

金 **Le métal** : Les organes, en médecine chinoise, qui lui sont associés sont les poumons, sa saison l'automne, son point cardinal l'ouest, sa planète Vénus (ici, l'astre de la rigueur et de l'autorité), son chiffre le 9, sa couleur le blanc. C'est le règne de la fermeté et de la justice.

Dragon / métal (1880-1940-2000) : C'est « un Dragon d'or ». Ce Dragon passe pour le plus faste de tous, mais il doit sa chance à une rigidité qui ne lui fait jamais déroger à une idée qu'il se fait de l'honneur et du travail. Acharné, ambitieux, critique, il ne dévie jamais de ses objectifs. Il aime la difficulté et recherche le danger. Le fanatisme le guette, et il est sans pitié s'il joue avec des idées dangereuses.

水 **L'eau** : Les organes, en médecine chinoise, qui lui sont associés sont les reins, sa saison l'hiver, son point cardinal le nord, sa planète Mercure, son chiffre le 6, sa couleur le noir. C'est le règne du calme caractérisé par l'absence de passion (l'eau, en Chine, étant liée à l'hiver, symbolise plus la glace que la vie comme en Occident).

Dragon/eau (1892-1952-2012) : C'est un Dragon lucide. Ce Dragon préfère se servir de sa grande intuition et de sa lucidité pour désarmer ses adversaires.
Mais s'il y est contraint, il saura, comme les autres, faire preuve d'une grande autorité !
Plus large d'esprit que ses congénères, il aime les idées nouvelles et peut accepter les conseils avisés. Il compte tellement sur sa chance qu'il peut la laisser passer...

Enfance : Il est un peu l'enfant prodige que les ancêtres applaudissent. Mais l'enfant du Dragon étouffe vite dans un univers qu'il apprend très tôt à juger et ne rêve que de casser la coquille familiale trop restreinte pour prendre son envol.

童年

Colérique, nerveux, orgueilleux, il tiendra tête au chef de la famille, l'affrontant en véritable petit guerrier qui connaît déjà la mesure de son adversaire. Gentil, serviable, il n'en juge pas moins ses aînés, ne manque pas de le leur faire savoir, et quitte le plus tôt possible sa famille avec laquelle il gardera des liens parfois affectueux, souvent lointains et condescendants. Il n'a pas l'impression d'être élevé, mais d'avoir été « gardé », nuance qu'il n'oublie jamais. A moins qu'il n'ait eu un parent Singe qui restera son ami et son égal.

Ennemis : Lorsque l'on veut régner, comme le Dragon, il faut savoir trancher. Il se fait donc chaque jour des ennemis, même parmi ses anciens amis qui ne veulent pas le suivre. Certes, il peut être rancunier, mais il n'a pas le temps de s'attarder à penser à ses ennemis. Ce sont ses ennemis qui pensent à lui, mais il s'en moque, sachant que le « vent dissémine les paroles venimeuses dans des contrées où elles pourrissent solitaires... ».

敵人

Famille : Ayant beaucoup de terres à explorer, d'hommes différents à connaître, et croyant en l'amour idéal... il ne fondera une famille que très tard. Il aimera alors avoir des enfants qu'il considère sincèrement comme l'avenir du monde... s'ils suivent ses préceptes. Très attaché à l'éducation, il sera un parent à la fois autoritaire sur les plans très précis qu'il aura tirés pour eux, et très laxe car en dehors de l'éducation traditionnelle, il leur donne une totale liberté d'action. Il n'est pas facile d'avoir un parent Dragon, adulé de tous, faisant respecter sa loi chez lui à grand bruit et même sévérité... pour se sentir livrés au monde très jeunes. Mais ceux qui résistent à cette éducation seront des êtres très libres.

家庭

Fantaisie : Sa fantaisie suit une logique inébranlable : que le monde soit à l'image de ses fantasmes. S'il ne l'est pas, il sui-

興

缴 vra une logique interne défiant celle du réel qu'il voilera impérialement ! Si la tempête fait rage et qu'il a décidé d'un soleil radieux, il partira se promener sans se couvrir... et il n'y aura que sa tête qui sera imperméable aux exhortations de son entourage !

Fidélité : Tant que le natif ne sera pas stabilisé dans son couple idéal, il changera facilement de partenaire. Il le fera sans diplomatie, avec une franchise parfois cruelle. Mais une fois passionné, s'il exige le meilleur de l'autre, il en donne autant de lui-même, et ne songera jamais à un acte aussi bas que de manquer à une fidélité qu'il a promise. Il devient le garant d'un foyer stable... qui devra suivre en retour ses humeurs. Il n'est fidèle que s'il aime profondément, se jugeant libre de partir son sentiment éteint, dût-il avoir quinze enfants... qu'il prendra sous le bras...

忠貞

Force : Elle est comme son courage : naturelle. Il possède une telle confiance en ses possibilités, qu'il n'a jamais l'impression d'avoir à puiser sa force dans un quelconque remède. Comme la rivière qui coule sans arrêt, comme le sang circulant dans son corps et dans les veines du monde, sa force est inépuisable. Il possède celle du verbe, celle de l'endurance et celle de la vitalité. Il ne lui manque que celle de savoir s'arrêter à temps...

力量

Gourmandise : 美 S'il aime les repas frugaux, sa gourmandise sera plutôt celle d'un gourmet qui aime l'abondance, certes, mais toujours la meilleure qualité, et cela dans tous les domaines.

Honneur : 榮譽 Loyal, honnête, le Dragon est très respectueux de l'honneur. Mais seulement de son propre code de l'honneur qui ressemble à ceux des guerriers d'antan. Il peut parfois même devenir fanatique si une idée sert son idéal. Et si quelqu'un y déroge, sa colère sera venimeuse.

Hospitalité : 接待 Sa porte sera princièrement ouverte à tous, car il est généreux de nature. Mais il aimera se sentir entouré de gens de qualité, ayant sans cesse besoin de se refléter et de se conforter dans le regard des autres pour affirmer sa supériorité. Mais si son humeur est à la tempête, les Dieux eux-mêmes ne pourraient forcer sa porte, car il sait se préserver avant tout. Il ne veut donner que ce qu'il désire donner, jamais plus, et il ne sera jamais servile. Mais ses réceptions seront grandioses, démesurées et fastueuses, adorant les rites et les protocoles qu'il s'ingénue à pimenter de sa fantaisie grandiloquante.

Idéal : 理 Un maître vocable pour cet être mythique ! Mi-homme, mi-Dieu, il sera toute sa vie en quête d'un idéal qu'il

想的

voudrait déloger du jardin des Dieux, pour le mettre dans la demeure de sa vie terrestre. Son esprit doit parfois apercevoir le domaine céleste dont il a la nostalgie et qu'il tentera de recréer sur terre, pour y ressourcer son essence divine. Autant dire que ses idéaux nobles et élevés sont incompréhensibles pour le commun des mortels, caste à laquelle il est sûr de ne pas appartenir.

Imagination : Lorsqu'il ne rêve pas d'être

幻想

maître des cieux et de la terre, il met son imaginaire au service des grandes réalisations. Toujours originales, ses idées même les plus simples, donnent aux objets une dimension de génie. Et si par hasard son compagnon de voyage le ramenait à la réalité brutale, il deviendrait un grand enfant créant avant de s'endormir des contes où il vivrait dans des palais brillants de mille feux d'artifices.

Intelligence : Il possède un grand pouvoir

智慧

analytique et de synthèse. De plus le don de clairvoyance lui permet de disséquer les êtres comme les situations. Peu influencé par les opinions communes, son jugement sera tranchant, mais maîtrisé et digne de grande confiance.

Jalousie : Le Dragon ne supporte pas de ne

嫉

pas être au centre des préoccupations des autres lorsqu'il le désire. S'il sent qu'un

妒 être lui échappe, sa passion s'enflammera et il sera d'une jalousie sans borne. Son besoin de sincérité totale dans le domaine des sentiments lui confère une intransigeance complète quant à la disponibilité et à la fidélité de l'être cher. Trompé, il peut en arriver aux pires extrémités. Mieux vaut tout lui dire, de toutes façons, rien ne lui échappe, mais il sera magnanime face à une faute avouée.

Légende : Le seigneur Bouddha se préparant à quitter la terre invita tous les animaux à lui faire leurs adieux. Seuls 12 animaux répondirent à cet appel. En remerciement, Bouddha décida d'attribuer à chaque année du cycle lunaire le nom de ces animaux reconnaissants. Le Dragon ayant été le cinquième à se présenter, il marque donc la cinquième année lunaire.

傳奇

Mariage : Long à trouver le partenaire idéal, le Dragon ne se mariera souvent que très tard, après avoir fait passer de nombreuses épreuves à son compagnon. Cela fait, il sera le dirigeant total du couple protégeant sa famille, mais ne tolérant aucune rebellion. Il offrira tout ce qu'il possède à son idéal qui, s'il doit être à la hauteur des exigences, sera sûr de trouver dans le Dragon une caverne cousue d'or et de pierreries à son seul usage, car il n'aura de cesse de le combler et de le protéger.

婚姻

Orgueil : Le vocable est encore trop faible pour qualifier la démesure du Dragon. Si un pélerin le blesse dans son orgueil, sa colère brûlera les terres, de la Taïga aux grandes montagnes. Selon lui, il n'est pas orgueilleux, seulement franc quant à ses capacités...

自尊

Paresse : Quel vocable étrange pour un Dragon dont la vie n'est faite que d'actions ! Pour lui, le travail étant un plaisir, le repos et surtout la paresse seraient un véritable bagne !
... « Le travail est un repos
« Pour ceux qui sont heureux d'accepter la longue marche de la Voie... »

安逸

Parfum : Il lui faut un parfum fastueux comme celui de l'aloès noir ou blanc et du cytise.

香

Passion : Ce signe très cérébral se méfie des passions, mais y succombe sans cesse, car elles sont le moteur de son existence. Une fois touché par la foudre de la passion, le Dragon sort des entrailles de la terre pour assouvir ses désirs dans l'instant même.
Son goût de la stratégie lui donne les moyens d'arriver rapidement à croquer le fruit de la passion.

愛好

Profession : Il devra trouver une profession où il pourra exercer ses talents de chef et exprimer sa soif de puissance. Sa vie

职

業

entière se vouant à un travail qu'il aime, il faut qu'il soit à son image. Il ne sera jamais sous les ordres de qui que ce soit, fût-il le plus grand sage, et préfèrera ne pas s'associer, car il est imperméable aux suggestions et aux compromis. Il peut travailler des jours durant sans fatigue, et sera heureux de voyager.

Les professions trop sédentaires ne lui conviennent pas, à moins qu'elles ne lui permettent de faire voyager son esprit. Il est voué aux grandes entreprises qu'il assume parfaitement. Il lui faut en permanence montrer toutes ses capacités et on aurait tort de l'employer en-dessous d'elles : s'il ne le faisait pas, il tomberait dans la toile d'araignée des pleurs de l'âme.

Prudence : Le Dragon, comme tout signe extrême, possède deux faces : l'une qui est analytique et lui permet de n'avancer qu'en terrain sûr, l'autre, qui est passionnelle et qui peut lui faire perdre tout sens de la mesure et de la prudence la plus élémentaire. On ne sait jamais quelle face présentera le Dragon...

謹慎

Qualités : Que le Dragon essaie de lire ces lignes avec la modestie qui lui fait cruellement défaut, car il est : chanceux, persévérant, travailleur, audacieux, optimiste, intelligent, fin stratège, excellent ordonnateur, cultivé, indépendant, loyal, franc et conquérant.

長處

Raffinement : Il aime le rare, le précieux. Esthète, il a en général très bon goût et fait primer la qualité avant tout. Son raffinement est naturel : il ne mangera pas de bon appétit dans un bol en terre, dégustera ses nectars dans des verres en cristal et il ne pourra vraiment pas dormir sous un toit empreint de pauvreté.

講究

Rancune : Ses colères sont si violentes que nul ne peut les oublier. Mais lui a vite fait de rayer de sa mémoire ceux dont il ne juge pas digne que le nom soit prononcé. Il n'est pas rancunier par mépris !

仇恨

Réputation : S'il a besoin de se sentir entouré et admiré, il se moque totalement de l'opinion d'autrui. Ce demi-Dieu se pense bien au-delà des pensées du vulgaire qui ne l'atteignent pas. Seule l'idée qu'il a de lui-même lui importe.

名譽

Responsabilité : A condition de lui confier une mission à la hauteur de ses capacités, il sera responsable de ses actes et tiendra à diriger jusqu'au bout ce qui lui a été confié sans compter les heures. S'il accepte de prendre une responsabilité, il en répondra sur sa vie même.

責任感

Ruse : « L'homme rusé se montrera sur le chemin de la Voie
« L'homme qui suit la Voie ne connaîtra pas la ruse

詭詐

« Le sage déjoue les ruses de la Voie... » Le Dragon, lui, déjoue les ruses de toutes les Voies, et préfère n'en suivre aucune autre que la sienne. Il n'est pas rusé, il est lucide.

Sacrifice : Le Dragon peut aller jusqu'à sacrifier sa vie pour une cause qu'il jugera noble.

犧牲

Certains n'oublient pas que le Dragon serait peut-être associé au mythe de l'alligator du Yangte. Autrefois, on sacrifiait ainsi au Roi-Dragon les plus belles jeunes filles pour apaiser les crues et les tempêtes.

Santé : Il est aussi robuste que le granit et sa constitution sportive le préserve longtemps des maladies envoyées par Wen-Chen, le dieu des Pestilences. Mais son incapacité à se reposer l'expose aux lassitudes nerveuses.

健康

Il aura donc intérêt à consulter très régulièrement un acupuncteur qui refera circuler les énergies équilibrantes dans son corps.

Secrets : Dans le livre des mutations, le Yi-King, le Dragon est le principe K'ien dont les 6 traits sont 6 dragons attelés. Ils figurent les 6 étapes de la transformation, depuis le Dragon caché, non manifesté, jusqu'au Dragon planant. Ce signe extraverti contient donc en lui une partie très secrète, latence en force.

秘密

Séduction : Le Dragon, contrairement à ce que l'on peut penser, est extrêmement pudique.

誘惑力

Il ne jouera de sa séduction face au sexe opposé que lorsqu'il aura trouvé exactement la stratégie qui lui permettra de n'essuyer aucun refus.
Plus superficiellement, il aimera séduire pour le plaisir de se faire admirer. Mais son charme sera plus agissant, à son insu... !

Sexualité : Dans le Tao, il est clairement énoncé que l'homme doit pratiquer le coït toute sa vie en économisant son sperme. En faisant jouir la femme et en harmonisant leurs souffles, le couple augmentera sa puissance et sa longévité.

性慾

L'homme du Dragon sera plus sexuel que sensuel, il voudra obtenir satisfaction sans penser que sa partenaire désire des préliminaires. Ce n'est par égoïsme, mais parce qu'il est persuadé que son désir est roi, et donc partagé de tous, au même moment.
La femme du Dragon, excessivement yang (puissance masculine) devra freiner ses désirs de domination, et accepter de recevoir la jouissance comme un dû et non comme une défaite. Elle trouvera alors l'énergie yin (puissance féminine) qui aidera à faire jaillir le yang de son partenaire.
L'érotisme s'accorde mal, dans le Tao, de l'excès du Dragon.

Timidité : Si le Dragon ne connaît pas les affres de la timidité, c'est qu'il est assez grand stratège pour avoir confiance en lui dans le terrain où il s'avance, même si pour l'observateur extérieur, cela semble lui être la chose la plus naturelle qui soit.

羞怯

... « La timidité est souvent la marque
« D'un homme qui craint la puissance
« De sa démesure... »

Tradition : A moins qu'elles ne le servent, le Dragon se moque des traditions qu'il juge dépassées et inutiles pour les forts et les bâtisseurs. Mais il souhaite malgré tout que son exemple devienne tradition pour ses successeurs...

習俗

Union entre les signes : Afin de mieux connaître les affinités entre les signes, voici un petit guide des relations entre les animaux. Il est souhaitable, lorsque c'est possible, de jouer sur toutes les combinaisons en y ajoutant les compagnons de voyage. Car si les signes apparents sont en disharmonie, il se pourrait que les compagnons de voyage s'entendent pour le mieux.

與其它生

鼠

Dragon/Rat : Quelle entente superbe ! Le Rat s'extasie devant cet animal mythique qui arrive à tant de merveilles. Il est fasciné par son courage et son faste et ne se prive pas de l'admirer à voix haute. Le Dragon, flatté, prend

ce petit compagnon si drôle et si complice sous ses ailes protectrices, et brille en toute sérénité. Il écoutera les conseils du Rat qui le tempère sans lui faire d'ombre...

牛 **Dragon / Buffle :** Le choc de l'exceptionnel et de l'habitude. Ces signes parfaitement contraires pourraient, à l'image du yin et du yang, se compléter. Mais l'alliance sera difficile entre l'optimisme, l'extraversion du Dragon et la mesure prudente et le besoin de solitude du Buffle. Une très bonne association en affaires. Une très mauvaise en amour, car il ne rimera pas avec toujours... !

虎 **Dragon / Tigre :** Quel couple fastueux, impérial. Là où ils passent, les portes s'ouvrent comme par miracle. Leur énergie et leur esprit d'entreprise enthousiaste galvanisent l'entourage. Ils aiment l'aventure et leur vie en sera remplie, faite d'imprévus, de passion, de démesure. Ils s'aiment et s'estiment profondément. Mais le quotidien les rattrape parfois... de ses contingences tenaces.

兔 **Dragon / Lièvre :** Ce couple ne peut s'harmoniser que s'ils ne se voient que pour des temps consacrés au foyer... et encore ! Le Lièvre trouve le Dragon trop bruyant, amenant bien trop de bruit avec ses fastes. Il rêve de tranquillité sereine. Le Dragon aime bien le Lièvre qui s'entend à créer une atmosphère paisible dans la demeure. Mais il ne supporte pas sa ruse.

龍 **Dragon/Dragon :** Ces deux forces égales feront tout pour surpasser l'autre. Ils s'aimeront passionnément, avec faste, miroir l'un de l'autre. Puis, ils se réduiront en cendres, incarnant tour à tour le Dragon noir et le Dragon blanc, maudissant leurs propres défauts à travers leur double, ne pouvant exprimer leurs qualités dans ce duel incessant. C'est un combat de Dieux.

蛇 **Dragon/Serpent :** Une superbe alliance. L'élégance et l'intelligence souple du Serpent lui permet de se servir du Dragon qui croira régner sans se rendre compte que le Serpent tire les ficelles... avec néanmoins beaucoup de respect pour cet être aussi faste et droit ! Le Dragon sera fier de son compagnon qui lui renvoie la balle avec finesse. Il démarre ce que le Serpent aboutit.

馬 **Dragon/Cheval :** Ce sera le coup de foudre immédiat ! Ils ambitionnent les mêmes choses, et mettent leur goût du risque et de l'aventure au service de leur amour. Par la suite, il faut des compromis que le Dragon ne sait pas faire : exclusif, il n'aimera pas voir le Cheval

prendre son indépendance, et le Cheval se lassera, oubliant de faire une cour pressante au Dragon qui se sentira délaissé.

羊 **Dragon/Chèvre :** Le Dragon acceptera de protéger la Chèvre, mais lui demandera en retour non seulement de l'admirer – ce qu'elle fait inconditionnellement – mais aussi d'agir par elle-même pour se mettre en valeur. Si la Chèvre arrive à persuader le Dragon qu'il est le seul au monde à pouvoir vanter ses œuvres, tout ira bien, sinon le conflit sera trop dur, et la Chèvre fuira... !

猴 **Dragon/Singe :** Un couple que nul n'est prêt d'oublier ! De conquête en succès, ils se poussent mutuellement, s'aident, se jettent des fleurs, s'aiment passionnément car le Dragon ne lasse jamais le Singe, ce qui est rare. De plus, le Dragon a le geste élégant et gratuit qui fascine le Singe. Quant au Dragon, il est ravi de trouver aussi mégalomane que lui sans que cela le gêne... !

雞 **Dragon/Coq :** Ils ont tous deux le besoin de plaire et de pavoiser, mais n'emploient pas les mêmes méthodes : le Coq aura besoin d'artifices, là où le Dragon n'a qu'à paraître. Au début, le Coq sera flatté d'un tel compagnon et l'encensera. Mais il sera déçu lorsque la

réciproque ne se fera pas.
Par vengeance, le Coq perspicace dévoilera les masques du Dragon... qui le réduira en cendres !

狗 **Dragon / Chien :** Qu'il est étonnant que leurs destins se croisent ! Le Chien ne peut être rassuré par ce Dragon qui le délaisse, se moque de ses préoccupations philosophiques et de son monde restreint. Il pense pour sa part que le Dragon est irresponsable, inhumain et incapable de pensées profondes. Le Dragon s'énerve et s'ennuie auprès de ce compagnon qu'il juge inadapté à ce monde !

猪 **Dragon / Sanglier :** Le Dragon et le Sanglier n'en reviennent pas de leur bonheur de s'être rencontrés.
Ils sont faits l'un pour l'autre... même si le Sanglier en fait beaucoup pour le Dragon.
Mais il représente tellement l'idéal qu'il recherche, qu'il peut passer sa vie à se dévouer corps et âme pour son impérial compagnon. Le Dragon et lui ont le même élan romantique, ils ne se quitteront jamais !

Volonté : Elle est solide et tranchante comme la lame d'un sabre de guerrier. Et, s'il ne pouvait l'exercer vers le dehors, il retournerait cette puissance contre lui-même.
意志

Voyage : Il est de toutes les partances, lui, le Dragon ailé. Il y puise la nouveauté dont s'enrichit son imaginaire, et, signe de contact et d'échange, il comprend de nouveaux mécanismes humains à démonter, de nouveaux empires à conquérir.

旅行

Yin / Yang : Le yin et le yang représentent respectivement le pôle féminin nocturne, la lune, le froid et l'inconscient d'une part, et d'autre part, le pôle masculin, diurne, le soleil, la chaleur et le conscient. Leurs rapports sont indissociables et ils sont unis en harmonisant éternellement leurs contradictions.

陰陽

Ainsi, si le yang domine en vous, vous serez extraverti, très sociable et spontané. Si le yin domine, il vous rendra plus intérieur, lunatique et intuitif.
Le Dragon est yang. Il s'associe donc avec les autres animaux yang comme le Tigre, le Cheval, le Serpent, le Coq et le Singe (qui est à la fois yin et yang).
Mais le Dragon est un signe si ambivalent que, si l'on approfondit le symbolisme du signe dans ses mutations, on s'aperçoit que s'il est yang comme signe du tonnerre, de l'activité céleste, des épées ou comme signe géomantique, il sera yin comme souverain des mondes aquatiques, comme métamorphose du poisson et comme principe alchimique (le mercure).

生値牛骨為人性
寛廣見博覧弟ヽ
暁街但不得鄉情
宜典外都人相倭
有大力直捷之相

生值兎骨為人作
事有頭無尾遇李
少成二十年榮華
晩本主富貴離家
不逺吉上下和睦相

生値蛇骨為人愛
自在安静心性急
言語傷人一生少
疾病快心有狠毒
深流無相

生値虎骨一生
居田地宜自立家
為人近貴有酒肉
分营謀遂有威猛
權柄之相

生値龍骨為人近
貴有大威勢居官
因公発才春夏吉
秋冬不利只清貴
有声名自在之相

生値馬骨一生近
貴衣食足為人不
停走州徃府自居
屋宅有才根無疾
病快樂動静之相

生値羊骨一生清
閑與上下鄰人不
和睦性急離祖自
手置田生向老来
富貴近貴之相

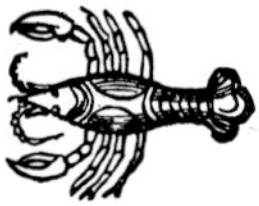

生値雞骨一生近
貴好作九流為事
有牙爪高名顯達
不吃無功之祿早起
夜眠好歌歡樂之相

生値猪骨一生正直
近貴人敬重不愛
祖宅生住才飲食
不向粗細病患多
自在尊重之相

生値猴骨一生有
才德被人脱騙為
人輕快聰明性急
好吃菓子輕薄枷
鎖直捷之相

生値犬骨一生近
貴有福祿為人豪
既不吃無功之祿
主成家不亞為無
疾患輕快之相

生値鼠骨為人煩
惱啾唧或卅快活
物件衣服常與外
親人相爭一生病
患啾唧之相

ORIENT-OCCIDENT
LA DOUBLE

ASTROLOGIE

雙重語的星相學

Dans la tradition populaire et agricole chinoise et au Viêt-Nam, le temps se calcule avec les lunaisons (ce qui n'est pas le cas exact du calendrier officiel des Empereurs de Chine sur lequel se fondent les années astrologiques. Des erreurs ont ainsi été commises dans certains ouvrages de vulgarisation, confondant les lunaisons des paysans chinois avec le calendrier officiel !).

雙重語的星相學

Cette tradition donne à chaque lune chinoise un nom d'animal ; les enfants nés sous ces lunes sont imprégnés du caractère de l'animal lunaire du moment : c'est ce que l'on appelle l'ascendant lunaire. Cet ascendant jouera sur votre activité.

Or, ces lunaisons correspondent assez exactement à la répartition des signes du zodiaque occidental. Regardez donc dans le tableau ci-dessous quel est votre ascendant lunaire. Par exemple, si vous êtes du Verseau, vous êtes né sous la lune chinoise du Tigre qui contrôlera vos activités. Vous saurez donc que vous avez du Tigre yang élément stable bois à ajouter à votre signe et à votre compagnon de voyage.

Si vous êtes né entre les :	Ascendant lunaire	Équivalent occidental
21 janv. - 19 fév.	**Tigre**	**Verseau**
20 fév. - 20 mars	**Lièvre**	**Poissons**
21 mars - 20 avril	**Dragon**	**Bélier**
21 avril - 21 mai	**Serpent**	**Taureau**
22 mai - 21 juin	**Cheval**	**Gémeaux**
22 juin - 22 juil.	**Chèvre**	**Cancer**
23 juil. - 23 août	**Singe**	**Lion**
24 août - 23 sept.	**Coq**	**Vierge**
24 sept. - 23 oct.	**Chien**	**Balance**
24 oct. - 22 nov.	**Sanglier**	**Scorpion**
23 nov. - 21 déc.	**Rat**	**Sagittaire**
22 déc. - 20 janv.	**Buffle**	**Capricorne**

Maintenant, vous comprenez mieux que nos astrologies puissent se compléter, car le lien existe déjà. Ce grand portrait se termine, mettant en rapport votre signe astrologique occidental avec votre animal chinois.

Dragon/Bélier : Allié à un tel signe occidental, le Dragon crache deux fois plus de flammes. Ses qualités et ses défauts se caricaturent, et il perd de vue totalement le sens de la nuance. Impatient, il sera moins réfléchi que les autres, mais son dynamisme et son sens de l'amitié sortent de l'ordinaire. Il pense sincèrement qu'à l'impossible nul n'est tenu, surtout lui ! Ce natif a besoin d'action, de coups d'éclat pour se sentir vivre et sa compagnie ne sera pas de tout repos. Tranchant dans ses amitiés et ses haines, il ne cèdera jamais aux compromis ; il se fait de solides ennemis à qui il donne du fil à retordre, mais aussi des amis indéfectibles qui pourront compter sur lui contre vents et marées. C'est un homme remarquable.

白羊座

Dragon/Taureau : Le Taureau apporte au Dragon son sens inné des réalités matérielles. Mais le Dragon lui offre en échange une rapidité d'esprit pour mener à bien ses projets. Aussi têtus l'un que l'autre, cette alliance démarre des affaires financières ou amoureuses avec circonspection mais, une fois lancée, nul ne peut stopper cette course à la victoire. Guerrier hors pair, il restera toujours d'une loyauté exemplaire. Le Dragon voit les choses en grand, le Taureau thésaurise et lui donne les moyens pratiques d'arriver à ses fins sans se heurter à un détail faisant crouler l'édifice. Ce dra-

金牛座

gon aimera les arts et pourra devenir un mécène qui saura jouir du beau tout en faisant fructifier ses yuangs. C'est un Dragon prévoyant.

Dragon/Gémeaux : C'est un Dragon ingénieux, intelligent, mais dispersé comme le grain laissé à la tempête ! Il aura envie de mille choses à la fois, s'arrêtant sur un projet, et déjà repartant vers des horizons plus prometteurs sans jamais achever ou épuiser sa soif de connaissance et de renouveau. Sa grande générosité en fait un ami que l'on aime sentir dans son entourage proche, ne serait-ce que pour rire ou admirer ses prouesses verbales. Sincère dans l'instant, il ne faut pas compter sur lui pour des réalisations de longue haleine, il périrait d'ennui ! Mais il trouve toujours la solution instantanée et miraculeuse aux maux de l'existence ! C'est un natif à qui l'on peut tout demander à condition que ce soit dans l'instant.

雙子座

Dragon/Cancer : C'est un Dragon tempéré et tolérant. Le Dragon se cache ses ambitions démesurées face à la douceur quiète du Cancer. Il apprend à se faire petit, à discuter avec calme..., tout en restant le centre d'intérêt permanent sans en avoir l'air ! Car le Cancer est aussi narcissique que le Dragon. Le Cancer donne au Dragon son sens de la famille, du confort sans tapage, des

巨蟹座

objets raffinés méticuleusement disposés. On pourrait croire le Dragon endormi. Mais que nul ne s'y fie, car sous ses apparences pondérées, il possède une force calme et une grande intuition dont il sait à merveille se servir pour faire plier son entourage à sa volonté... tenace et capricieuse !
Car s'il ne crache pas des flammes, ses bouderies sont horripilantes.

Dragon/Lion : La démesure royale s'allie avec la démesure impériale... De quoi rêver de devenir le maître de la planète, et le natif ne s'en prive pas. Il ne peut pas concevoir sa vie sans diriger quelque chose, que ce soit une boutique d'articles pour pêcheurs (de luxe) ou un règne sur l'univers de la stratégie ou de la finance. Jamais égalé, il a vraiment une allure princière, le sait, et trouve tout naturel que l'on fasse appel à lui. Il a une cour de gens qui l'adulent et se prosternent, et en effet, sa grande intelligence des hauteurs peut mériter une telle adoration. Mais que nul ne s'avise de lui opposer un avis contraire, d'un simple rugissement, il l'enverrait au fond d'une rizière, sale et improductive.

獅子座

Dragon/Vierge : C'est un Dragon précis et persévérant. La Vierge apporte à son animal impérial des conseils de mesure et de prudence. Le Dragon, s'il se sent un peu à l'étroit dans la méticulosité de

處女

座

la Vierge, réussira à lui insuffler l'ambition dont elle manque. Cet alliage se révèle très bénéfique si le Dragon parvient à faire exploser les barrières internes que la Vierge lui impose et ne s'enferme pas dans des rêves mégalomaniaques la nuit pour devenir une fourmi laborieuse le jour !
En général, un compromis se trouve dans l'équilibre, et le Dragon parvient à ses fins dans le domaine du concret. Mais il reste peu de place pour de hauts sentiments...
Et ses partenaires le trouvent glacial.

Dragon / Balance : C'est un Dragon charmeur et diplomate.

天秤座

Ce Dragon là comprend vite, grâce à la Balance, que la force n'est pas nécessaire là où le charme peut agir en douceur.
Mondain, délicat, esthète, il sera toujours au courant de tout avant les autres et sa parole ne tarit que faute d'oreilles pour l'écouter déverser son savoir... Il sait d'un sourire calmer les esprits et renverser les situations en sa faveur.
Parfois hésitant, il aime à être conseillé, ou plutôt conforté, puisque de toute façon, il n'en fait finalement qu'à sa tête. Mais il a tant besoin qu'on lui rappelle qu'elle est bien faite et bien pleine...
Mais personne n'est lésé puisque tout le monde aime se faire enjoler par cet animal de flammes et de charme.

Dragon/Scorpion : C'est un Dragon magnétique, un Dragon pur, et comme certains livres... à ne pas laisser entre toutes les mains ! Car son charme venimeux fait des ravages, brise les cœurs, et laisse la foule dans l'attente éperdue de son retour. Sûr de lui, inflexible, il ne faut jamais tenter de le contredire, ou essayer de l'enchaîner. Sa vengeance est bien plus raffinée que celle que les Occidentaux nomment un « supplice chinois » ! Un jour ici, le lendemain ailleurs, il se moque éperdument du vide qu'il crée à chacun de ses départs. Seuls l'instant et la beauté de la bataille en cours le passionnent... et s'il vient à perdre, c'est son adversaire qui baisse le regard ! Car il est malséant de vaincre un si impérial adversaire.

天蝎座

Dragon/Sagittaire : C'est un Dragon idéaliste. Ce Dragon manque totalement de sens pratique ! Il vaut mieux ne jamais lui laisser d'outils entre les mains, ou un champ à ensemencer : il planterait des lotus blancs sur une terre à patates douces...

人馬座

En revanche, au moindre cri de détresse, le voilà qui accourt, déploie une énergie folle, abat des montagnes. Plus l'aventure est belle, romanesque et impossible et plus il est heureux. Pas par esprit d'échec, mais au contraire par un optimisme difficile à croire sans l'avoir vu à l'œuvre. Il n'aime que les grandes causes. Le quotidien, il ne le voit pas. Débordant d'activités multiples et souvent hétérogènes, il n'est heureux que harrassé et bercé d'illusions... pour un sommeil réparateur.

摩羯座

Dragon / Capricorne : C'est un Dragon incorruptible et ambitieux. Le Capricorne apporte au Dragon son goût pour les routes solitaires, longues, dures mais gratifiantes. Le Dragon, pour sa part, accepte l'opiniâtreté du Capricorne si elle peut lui offrir la gloire et la fortune. Avec cet alliage, ce Dragon ne sera pas bavard et dissert, mais décidé et même coupant. Aucune obstacle ne doit lui résister. Son sens de l'honneur poussé à l'extrême ne souffre d'aucune défaillance. Il aura peu d'amis, car il ne sera pas sociable ; en fait, seul son objectif très matérialiste l'intéresse. Celui ou celle qui l'en détourne par amour devra être à la hauteur de sa totale intégrité, sinon son idéal déçu le marquera à vie.

寶瓶座

Dragon / Verseau : C'est un Dragon original. Le Verseau, aérien, confère au Dragon un goût du pouvoir bien différent de celui de ses congénères. Car le Verseau n'aime pas la puissance du pouvoir, mais en goûte l'expérience au même titre qu'une autre. Inventif, curieux de tout, l'imaginaire de ce Dragon hors du commun devient une source inépuisable de récits pour ses compagnons. Avec lui, rien de banal. D'un simple chemin de campagne, il fait un pays à part, et sa grande culture lui sert à conseiller amicalement ses proches en leur ouvrant une fenêtre sur un quotidien qu'ils ne savent pas voir. A charge pour eux de l'aider à ne pas brûler son riz... car s'il s'envole dans les hauteurs, le quotidien le submerge totalement.

雙魚座

Dragon / Poissons : C'est un Dragon créatif. Le Poissons offre au Dragon son émotivité, son sens artistique et sa sentimentalité introvertie. Ce Dragon sera souvent très beau, gracieux, souple et fuyant à la fois. Sous ses airs rêveurs et tendus, le Dragon pur ne se laisse bercer que d'un œil et attend le moment propice pour passer à l'action. Il sera alors d'une ténacité et d'une volonté presque incroyables, car comme il est déterminé à construire le monde aquatique et mystérieux des Poissons, personne ne peut vraiment comprendre le sens de ses réalisations jusqu'à ce qu'elles s'achèvent. Alors, elles confinent parfois au génie pur et éclatant ! Mais cela peut prendre des années durant lesquelles il vivra en incompris.

Heure d'été de France de 1916 à 1940

SOUSTRAIRE

Du 14 juin au 1er octobre 1916 :	1 h
Du 24 mars au 7 octobre 1917 :	1 h
Du 9 mars au 6 octobre 1918 :	1 h
Du 1er mars au 5 octobre 1919 :	1 h
Du 14 février au 25 octobre 1920 :	1 h
Du 14 mars au 25 octobre 1921 :	1 h
Du 25 mars au 7 octobre 1922 :	1 h
Du 26 mai au 6 octobre 1923 :	1 h
Du 29 mai au 4 octobre 1924 :	1 h
Du 4 avril au 3 octobre 1925 :	1 h
Du 17 avril au 2 octobre 1926 :	1 h
Du 9 avril au 1er octobre 1927 :	1 h
Du 14 avril au 6 octobre 1928 :	1 h
Du 20 avril au 5 octobre 1929 :	1 h
Du 12 avril au 4 octobre 1930 :	1 h
Du 18 avril au 3 octobre 1931 :	1 h
Du 16 avril au 1er octobre 1932 :	1 h
Du 26 mars au 8 octobre 1933 :	1 h
Du 7 avril au 6 octobre 1934 :	1 h
Du 30 mars au 5 octobre 1935 :	1 h
Du 18 avril au 3 octobre 1936 :	1 h
Du 3 avril au 2 octobre 1937 :	1 h
Du 26 mars au 1er octobre 1938 :	1 h
Du 15 avril au 18 novembre 1939 :	1 h
Du 24 février au 15 juin 1940 :	1 h

de 1940 à 1945 zone libre

SOUSTRAIRE

Du 25 février 1940 au 4 mai 1941, 23 h :	1 h
Du 4 mai 1941, 23 h au 6 octobre 1941, 0 h :	2 h

Du 6 octobre 1941, 0 h au 8 mars 1942, 24 h :	1 h
Du 9 mars 1942, 0 h au 2 novembre 1942, 3 h :	2 h
Du 2 novembre 1942, 3 h au 29 mars 1943, 3 h :	1 h
Du 29 mars 1943, 3 h au 4 octobre 1943, 3 h :	2 h
Du 4 octobre 1943, 3 h au 3 avril 1944, 2 h :	1 h
Du 3 avril 1944, 2 h au 8 octobre 1944, 0 h :	2 h
Du 8 octobre 1944, 0 h au 2 avril 1945, 2 h :	1 h
Du 2 avril 1945, 2 h au 16 septembre 1945, 3 h :	1 h

zone occupée

SOUSTRAIRE

A Paris : du 15 juin 1940, à 11 h	2 h
A Bordeaux : du 1er juillet 1940, 23 h au 2 novembre 1942, 3 h	2 h

A partir du 2 novembre 1942 : comme en zone libre.

de 1945 à 1976

Retrancher 1 heure quelle que soit la date de naissance.

Depuis 1976

Retrancher 1 heure. Sauf pour les périodes suivantes, où vous retranchez 2 heures.

1976 :	du 28 mars, 1 h	au 26 septembre, 1 h
1977 :	du 3 avril, 2 h	au 25 septembre, 3 h
1978 :	du 2 avril, 2 h	au 1er octobre, 2 h
1979 :	du 1er avril, 2 h	au 30 septembre, 3 h
1980 :	du 6 avril, 2 h	au 28 septembre, 3 h
1981 :	du 29 mars, 2 h	au 27 septembre, 3 h
1982 :	du 28 mars, 2 h	au 26 septembre, 3 h
1983 :	du 27 mars, 2 h	au 25 septembre, 3 h
1984 :	du 25 mars, 2 h	au 23 septembre, 3 h
1985 :	du 31 mars, 2 h	au 29 septembre, 3 h
1986 :	du 30 mars, 2 h	au 28 septembre, 3 h

Index

Achevé d'imprimer le 2 mars 1989
sur les presses de
Printers à Trento (Italie).
Relié par L.E.G.O. à Vicenza (Italie).